AF300825

Gib dem Frieden wieder Kraft

Beginne bei dir, weil du es dir wert bist!

Ein mentaler Mutmacher

Andreas Brandstätter

Bibliografische Information der Deutschen Nationalbibliothek:
Die Deutsche Nationalbibliothek verzeichnet diese Publikation in der Deutschen Nationalbibliografie; detaillierte bibliografische Daten sind im Internet über http://dnb.dnb.de abrufbar.

1. Auflage: Mai 2016

© 2016 Andreas Brandstätter

Titelbild: © Alx-Fotolia.com

Herstellung und Verlag:
BoD - Books on Demand, Norderstedt

ISBN: 978-3-8482-2005-2

INHALT

Vorwort

Haben Sie sich schon einmal gefragt, warum es mit dem Frieden, oder besser gesagt mit dem Weltfrieden, nicht so wirklich funktioniert?

Nach wie vor bestimmen kriegerische Auseinandersetzungen das Weltgeschehen, sei es in der Ukraine, im Irak, in Syrien, Afghanistan oder in den kleinsten afrikanischen Republiken.

Viele Friedensverhandlungen wurden erfolglos abgebrochen, jedoch ohne der Sache auf den Grund zu gehen.

Ich habe mich schon sehr oft gefragt, warum es in unserer sogenannten "zivilisierten Welt" nicht möglich ist, in Frieden zu leben! Es muss doch möglich sein, dass Menschen, egal welcher Abstammung, welche Hautfarbe oder Religion, in Frieden miteinander leben können! Hat uns die Weltgeschichte nicht gelehrt, dass Kriege nur Leid, Zerstörung, Verzweiflung, Hass und viele tausende Tote bringen? Und hier stellt sich die berechtigte Frage: Warum das Ganze? Was ist der "Vorteil" eines Krieges? Ein Krieg muss anscheinend auch Vorteile für die Menschheit beinhalten, sonst würden sie sich diese Tragödien nicht so einfach "antun"! Aber welche Vorteile können wir Menschen von einem Krieg erwarten?
Eine wesentlich wichtigere Frage wäre: Was können Sie und ich zum Frieden beitragen?

Dieses Buch ist eine Sammlung meiner Gedanken zu diesen Fragen und eine Inspiration um Schritt für Schritt in ein "mental stärkeres und friedvolleres Leben" zu gelangen.

1. Krieg oder Frieden?

Angenommen Sie könnten sich zwischen Krieg oder Frieden entscheiden, wie wäre Ihre Entscheidung?
Ich würde die Frage "Willst du Krieg oder Frieden?" voller Überzeugung mit "ICH WILL FRIEDEN!" beantworten. Ich bin davon überzeugt, dass der Großteil der Menschheit den Frieden bevorzugt. Ich kann mir persönlich nichts Schöneres vorstellen, als in Frieden zu leben, ohne irgendwelche Ängste vor Diebstahl, Mord, Totschlag, Terroranschlägen, etc. Allein der Gedanke eines weltweiten Friedens löst in mir ein Glücksgefühl aus. Menschen leben in Frieden miteinander, niemand stellt Fragen bezüglich Herkunft, Glaube, etc. Jeder darf so sein wie er ist und lebt ein erfülltes Leben mit gelebter Nächstenliebe - jeder teilt mit jedem, jeder hilft jedem und niemand wird ausgegrenzt.

Das klingt fast nach Utopie! Glauben auch Sie, dass so ein friedliches Leben möglich ist?

In diesem Zusammenhang fällt mir ein, dass meine Eltern eine Zeit erlebten, wo in ländlichen Gebieten das Versperren der Eingangstür nicht an der Tagesordnung stand. Das Auto parkte vor dem Haus und es war nicht abgesperrt, sogar der Zündschlüssel blieb stecken. Ein versicherungstechnischer Fauxpas par excellence, eine Einladung für jeden Menschen mit schlechten

Absichten und daher von jeder Haftung ausgenommen.

Interessanterweise ist es, trotz dieser aus heutiger Sicht leichtsinnigen Vorgehensweise, zu sehr wenigen Straftaten gekommen. Äußerst selten hörte man von kleinen Diebstählen, welche aber zum Schluss auf jugendliche Streiche zurück zu führen waren und daher als Kavaliersdelikt gesehen wurden. Man fühlte sich sicher und diverse Ängste waren nicht im Mittelpunkt des Geschehens. Was für eine gesegnete Zeit! Auch der Neid dürfte damals keine große Rolle gespielt haben. Man hatte ein monatliches Einkommen und finanzierte damit seine Unterkunft, versorgte die Familie, ermöglichte den Kindern die schulische Ausbildung und lebte ein einfaches aber zufriedenes Leben. Die meisten Familien waren nicht reich, aber immerhin konnte man die Grundbedürfnisse befriedigen.

Für größere Anschaffungen musste man sparen, bis das notwendige Geld vorhanden war, erst dann konnte man den Kauf tätigen.

Und diese besagte Zeit war nicht vor hunderten Jahren, nein, diese Zeit war in den 70er Jahren! Unglaublich oder? Das wäre heute undenkbar!

Heute werden alle Häuser verriegelt, mit Alarmanlagen gesichert und dennoch herrscht große Angst und Unsicherheit unter den Menschen.

Bei Stadtrundgängen wird die Handtasche unterm Arm festgeklemmt, Wertgegenstände werden im Safe zu Hause gelassen, um keine Angriffsflächen für irgendwelche Täter zu bieten. Zur Standardausrüstung einer Frau gehört bereits ein Pfefferspray und "Mann" bemüht sich

um eine Waffenbesitzkarte, um das traute Heim bestmöglich verteidigen zu können.
Bei Selbstverteidigungskursen herrscht eine so große Nachfrage, dass zusätzliche Kurstermine eingeschoben werden.
Sie sehen den eklatanten Unterschied zwischen heute und früher.
Was ist seit den 70ern passiert?
Wer hat zu dieser Veränderung beigetragen?
Wer hat dem Frieden die Kraft genommen?
Wer hat der Angst die Macht verliehen?

Leider ist der Unterschied zwischen Arm und Reich heute extrem groß. Es gibt viele Menschen, welche sich das tägliche Leben kaum leisten können und auf der anderen Seite gibt es Menschen, die teure Sportwagen fahren, in exklusiven Villen wohnen und sich im Urlaub eine Insel mieten.
Ich möchte den Reichen keinen Vorwurf machen, und sie sollen in ihrem Luxus leben, aber die Gefahr besteht darin, dass der sogenannte Mittelstand, also Menschen zwischen Arm und Reich, vom Aussterben bedroht ist und der Neid dadurch immer größer wird.
Dazu kommt, dass der heutige Informationsfluss, aufgrund der vorhandenen Massen an unterschiedlichsten Medien, wie Internet, Facebook, etc., rasant schnell ist und somit innerhalb weniger Minuten jeder weiß, was am anderen Ende der Welt geschieht. Mit Hilfe dieser Medien weiß jeder alles, das heißt aber auch, dass ein armer Mensch weiß, wie reich der Reiche wirklich ist.

Früher gab es natürlich auch reiche Leute, aber via TV und Zeitung konnte man nicht in Echtzeit an ihrem Leben teilhaben.

Armut, Unzufriedenheit, Neid, Hass und Angst, sind die perfekten Zutaten für Konflikte. Wer würde nicht mit allen Mitteln versuchen seine Familie zu ernähren, und, sollte es dann trotz aller Bemühungen erst nicht reichen, eine gewisse Unzufriedenheit entwickeln?

Um auf den Beginn dieses Kapitels zurück zu kommen, wäre es erstrebenswert, sich für Krieg statt Frieden zu entscheiden?

Gibt es Menschen, die wirklich Krieg wählen würden?

Ich möchte niemanden beschuldigen, vorsätzlich Krieg zu wählen, und es steht mir auch nicht im Geringsten zu, jemandem diese Absicht zu unterstellen, doch es gibt auch "Gewinner" bei einem Krieg, und hier meine ich nicht eine der kriegführenden Parteien. Eines kann man mit Sicherheit sagen, Krieg ist niemals eine Lösung, denn er wirft einen riesigen Schatten des Leides auf alle Beteiligten.

Nein, mit "Gewinner" meine ich wirklich Menschen, die Profit aus Kriegen lukrieren können. An oberster Stelle der "Gewinner" steht natürlich die Waffenindustrie, sie kann sich über beträchtliche Umsatzzuwächse "freuen". Es ist wirklich unglaublich, um welche enormen Beträge Waffen gekauft werden und wie viel Geld gewisse Länder für Rüstung ausgeben, anscheinend gibt es hier wirklich keine Grenze nach oben.

Danach kommen die Banken und die Bauindustrie, nachdem mit Hilfe der Waffenindustrie Städte in Schutt und Asche gelegt wurden, muss ein Neuaufbau stattfinden.
Mit unglaublichem materiellem und finanziellem Aufwand werden riesige Bauprojekte realisiert, um wieder eine funktionierende Infrastruktur zu schaffen. In solchen Situationen sehen viele weltweit führenden Großinvestoren eine unabdingbare Investitionsmöglichkeit.

Wie viel Macht hat das Geld, die Wirtschaft und die Profitgier seit den 70er-Jahren bekommen?
Hat das zu Veränderungen in der Gesellschaft, in der Weltpolitik, sogar in unserem Privatleben beigetragen?

Natürlich hat sich die Weltpolitik verändert!
Grenzzäune und -mauern sind gefallen, politische Führer wurden entmachtet, der Bevölkerung wurde die Freiheit zurückgegeben, Länder haben sich zu einer großen wirtschaftlichen Gemeinschaft zusammengeschlossen usw. In der Zwischenzeit steht die europäische Staatengemeinschaft vor der größten Zerreißprobe seit Bestehen.
Ob die Art und Weise mancher Veränderung gut war, sei dahin gestellt, diese Frage möge jeder für sich selbst beantworten.

Klar hat sich die Wirtschaft verändert!
Unglaublich, welchen Aufschwung die Wirtschaft seit den 70er-Jahren erlebt hat, und wir alle haben aufgrund dieses Wachstums profitiert.

Mit sensationellen technischen Erfindungen wurde uns das Leben im Alltag erleichtert.
Ab sofort sind wir immer und überall erreichbar, können via Internet jederzeit am Weltgeschehen teilhaben.
Inklusive folgender Ereignisse:

1973 Erste Ölkrise,
1979/1980 Zweite Ölkrise,
2007/2008 Finanz- und Wirtschaftskrise,
um nur ein paar davon aufzuzählen.

Auch hier überlasse ich Ihnen die Entscheidung, ob diese Entwicklung gut oder nicht gut ist.

Ja, auch die Gesellschaft hat sich verändert!
Seitens der Wirtschaft wurde eine perfekte Konsumgesellschaft "herangezüchtet", und wir alle spielen unsere Rolle in diesem Spiel hervorragend mit. Heute kaufen wir alles was wir für unser tägliches Leben brauchen, wir sorgen für unsere Familie und kümmern uns um eine schöne Unterkunft.
Fast so wie in den 70er-Jahren!
Aber eben nur fast!
Denn in Wirklichkeit kaufen wir auch dann, wenn wir nichts brauchen, oder wenn wir es uns gar nicht leisten können.
Gut, in diesem Fall steht uns "unsere Bank des Vertrauens" zur Seite und gewährt uns einen "super günstigen" Kredit.

In den 70er-Jahren gab es nur wenige Menschen, welche sich für einen Urlaub Fremdkapital

ausborgten, dieses dann innerhalb eines Jahres zurückzahlten, um den nächsten Urlaub in der gleichen Art und Weise finanzieren zu können.
Ich bin auch davon überzeugt, dass nicht alle 2-3 Jahre z.B. ein neues Auto oder ein neues Fernsehgerät, etc. gekauft wurde.
Grundsätzlich spricht nichts gegen dieses Verhalten, doch leider hat diese Entwicklung einen bitteren Beigeschmack. Jeder möchte immer mehr und mehr und somit steigt auch die Unzufriedenheit massiv an. Das Ergebnis dieser Lebensweise ist, dass unsere ständigen Begleiter, wie Neid, Hass und Angst, immer stärker auftreten.
Neid und Hass entstehen, weil man sich mit anderen vergleicht. Jemand hat ein größeres, schöneres und neueres Auto, eine größere Wohnung und außerdem einen besser bezahlten Job. Die Angstzustände kommen, weil man befürchtet, man könnte den gesamten Besitz verlieren, jemand könnte ins Haus einbrechen und die heiß geliebten Schätze entwenden.

In Anbetracht dieser Tatsachen ist unsere Konsumgesellschaft, welche durch die Werbung so stark manipuliert wird, dies oder jenes unbedingt kaufen zu müssen, um sich danach besser zu fühlen und zur "High Society" zu gehören, auf wackligen Säulen erbaut.
Man sollte sich wieder auf "wahre Werte", wie z.B. Dankbarkeit, besinnen.
Ich bin dankbar für alles was ich habe und ich genieße mein "in die Jahre gekommenes" Auto, denn es bringt mich sicher von A nach B. Ich

freue mich über mein Eigenheim, welches ich wohnlich und genau für mich passend eingerichtet habe.
Es spielt keine Rolle, ob ich meinen Urlaub in der Karibik oder zu Hause verbringe, die Hauptsache dabei ist, ich finde Erholung und Ruhe. Ich schätze und achte auf meine Gesundheit, damit ich noch lange ein gesundes und glückliches Leben führen kann.

Ich bin mir nicht sicher, ob sich die Verantwortlichen der Wirtschaft freuen, wenn immer mehr Menschen nach dieser Erkenntnis leben.

2. Wirklichkeit oder Fiktion?

Der Mensch ist ein individuelles, einzigartiges Geschöpf, hat einen individuellen Charakter, spezielle Talente, Fähigkeiten, Intelligenz und diverse Interessen. Im Laufe der Zeit sammeln wir eigene Erfahrungen, welche wir in unser Leben "einfließen" lassen. Aufgrund dieser Entwicklungen wissen wir, dass jeder Mensch seine eigene Wahrnehmung bzw. geistige Einstellung hat.

Ein und dieselbe Lebenssituation wird jeder Mensch somit unterschiedlich erleben. Jeder sieht eine Situation durch seine jahrelang abgestimmte, "mentale Brille".
Daher wäre es nicht korrekt, die Erzählung eines Menschen über eine erlebte Situation, oder seine Meinung über ein Thema, als FALSCH oder RICHTIG zu werten.

Richtigerweise müsste man von "seiner Wahrheit" oder "meiner Wahrheit" von "seiner Wahrnehmung" und "meiner Wahrnehmung" sprechen.

Unzählige Impulse, Eindrücke und Informationen stehen uns pro Sekunde zur Verfügung, doch unser Gehirn kann nur einen Bruchteil davon registrieren und aufnehmen. Jeder Mensch kann jedoch entscheiden, welche Impulse er abspeichern möchte.

Ein typisches Urlaubsbeispiel:
Zwei Personen liegen jeweils auf einer Sonnen-
liege am Sandstrand, es hat 35 Grad, blauer
Himmel, Sonnenschein und sie schauen auf das
endlos weite Meer.

Person 1 erlebt die Situation wie folgt:
"Mir ist heiß, die Liege ist unbequem, der Sand
klebt an den Füßen, Kinder schreien auch noch,
außerdem habe ich Durst."

Person 2 erlebt die Situation wie folgt:
"Endlich Sommer! Ich liege in der Sonne und ich
freue mich über den traumhaften Ausblick auf
das Meer. Auch die Kinder rundherum haben
ihren Spaß. Ich genieße jeden Augenblick und
als Krönung dieses herrlichen Tages werde ich
mir jetzt ein Getränk holen."

Sie sehen, dieselbe Situation - zwei grundver-
schiedene Empfindungen.
Wer von den beiden Personen hat recht? Welche
Erzählung ist falsch und welche ist richtig?
Man sieht, welche mentale Haltung Person 1 und
welche mentale Einstellung Person 2 jahrelang
"trainiert" hat.

Mir persönlich gefällt die positive Erzählung von
Person 2 viel besser, aber das sei nur am Rande
erwähnt.

Ein wirkungsvolles Mittel, um seinen mentalen Rahmen oder seine "Komfortzone" zu verlassen, ist das Achtsamkeitstraining.

Ich trainiere meine Achtsamkeit mit einem "Mönchsgang", welcher aus einer Überlieferung von den Ur-Mönchen des 2. und 3. Jahrhunderts n. Chr. stammt und von den buddhistischen Mönchen praktiziert wird.

Beim "Mönchsgang" schärfe ich meine Sinne, ich lege alle meine Haltungen ab, lasse mich durch keine Gedanken ablenken, gehe in der freien Natur und konzentriere mich nur auf das, was im Hier & Jetzt, in der Gegenwart, geschieht.
Ich trainiere die Widerstandslosigkeit, einen Zustand der wachen geistigen Ruhe. Meine Aufmerksamkeit gilt allen Geräuschen und Situationen, welche auf mich zukommen, ohne diese zu bewerten. Es darf so sein wie es ist!
Wenn man sich auf diese 30-60 minütige "Reise" einlässt, verspürt man inneren Frieden.
"Gehe, wenn du gehst. Sehe, wenn du siehst. Höre, wenn du hörst. Spüre, was du bist."
(Buddhistische Weisheit)

Welche Auswirkung hat die Erkenntnis dieses Kapitels auf den Frieden?
Eine sehr große, wie ich meine, denn wenn diese Erkenntnis in Gespräche, Friedensverhandlungen, etc. einfließt, verändert sich die Gesprächskultur von Grund auf und die Verhandlungen werden gezielt zu einem positiven Erfolg führen.

Nicht nur die Verhandlungen der Weltpolitik werden eine Wende nehmen, auch die Firmenkultur bei großen und kleinen Unternehmen wird sich positiv verändern.
Ich denke auch an die Gespräche in den Schulen oder generell zwischen Kindern, Jugendlichen und Erwachsenen, sie hätten einen anderen Stellenwert.

Und nicht zuletzt bei Unterhaltungen im privaten Bereich, innerhalb der Familie, sehe ich eine große Chance der Weiterentwicklung.

3. Wer ist für den Frieden verantwortlich?

Es wäre einfach, jemanden für den weltweiten Unfrieden verantwortlich zu machen und ihn zu beschuldigen, dass er seine Arbeit schwer vernachlässigt hat und gefälligst wieder für Frieden sorgen soll. Noch besser wäre es, wenn es einen Schalter gäbe, welchen man nur auf "Frieden" einstellen muss. Großartig wäre auch die Erfindung einer "Friedenspille". Bei Bedarf 3x täglich eine Tablette einnehmen und der Friedensprozess setzt ein.

Leider ist die gesamte Thematik sehr kompliziert. Die vereinten Nationen, auch UNO genannt, sind ein Zusammenschluss von 193 Staaten weltweit. Die wichtigsten Aufgaben dieser Organisation sind die Sicherung des Weltfriedens, die Einhaltung des Völkerrechts, der Schutz der Menschenrechte und die Förderung der internationalen Zusammenarbeit. Also, die UNO ist somit der richtige Ansprechpartner für das Anliegen "Weltfrieden" und grundsätzlich eine großartige Organisation, die weltweit wichtige Arbeit leistet.
Das Hauptproblem liegt in der Umsetzung des Weltfriedens. Hier kommen wir wieder zu Kapitel 1 "Krieg oder Frieden" dieses Buches. Wie soll die UNO den Frieden sichern, wenn sich ein Land, eine politische oder religiöse Vereinigung oder ein mächtiger Herrscher für Krieg entschieden hat?

Wenn niemand an Frieden oder Friedensgesprächen interessiert ist und die kriegführenden Parteien behaupten im Recht zu sein und somit die jeweils anderen "falsch" liegen und damit Schuld am Krieg haben. Das ist eine komplexe und diplomatisch sehr schwierige Lage.

Und doch behaupte ich, dass eine friedliche Lösung möglich wäre, wenn Friedensgespräche im Sinne des "Friedens" stattfinden, wenn sich alle Beteiligten besinnen und den Frieden in den Mittelpunkt stellen. Ich meine damit, dass es in den Verhandlungen um "die Sache selbst", also den Frieden, gehen muss und nicht um irgendwelche Geschäfte oder um Profit, den man lukrieren will und der Friede nur als "Mittel zum Zweck" verwendet wird.
Erst wenn das Ergebnis wieder ein ehrlich gemeinter Friede sein soll, dann wäre auch die UNO in ihrer Rolle als Vermittler gefordert und könnte mit ihren diplomatischen Künsten brillieren.
Aber nur dann, und keine Sekunde früher, können erfolgreiche Friedensverhandlungen stattfinden.
Während dieser Verhandlungen gilt es eine ganz besonders schwierige Hürde zu überwinden und diese ist "das menschliche EGO der Verhandlungspartner", denn Friedensverhandlungen dürfen auf keinen Fall zu einem Machtspiel werden.

Dies könnte nämlich bedeuten, dass ich meine eigene Einstellung und Meinung überdenken muss, dass ich vielleicht einen Fehler eingeste-

hen muss, dass ich möglicherweise einem Vorschlag meines Kontrahenten, dem ich bis jetzt nur mit Ablehnung begegnet bin, zustimmen muss. Bin ich dazu bereit und in der Lage?
Lassen dies meine Berater, meine Interessensvertretung, Partei, mein Land, Volk, etc. überhaupt zu?
Traue ich mir eine Entscheidung zu, welche im Gegensatz zu allen bisher getroffenen Entscheidungen steht und nicht meiner Ideologie entspricht, aber zum Wohle anderer beiträgt?
Stehe ich dann zu dieser Entscheidung, wie ein Fels in der Brandung, auch wenn sich langjährige Wegbegleiter von mir abwenden?
Bin ich bereit, meine persönlichen Empfindungen, Vorteile, Bedürfnisse, etc. hinten anzustellen oder sogar darauf zu verzichten, damit "die Sache selbst" nicht scheitert?
Jede dieser Fragen, sind sie auch noch so schwierig zu beantworten, muss man sich möglicherweise stellen.
Das Ergebnis dieser Verhandlungen heißt dann aber nicht Erfolgsprämie, Beförderung, Gehaltserhöhung, goldener Orden, Schulterklopfen, etc., sondern im besten Falle einfach "nur" Frieden!

Wer stellt sich, in Anbetracht dieser Tatsachen, schon gerne in den Dienst "der Sache selbst"?

Ich ziehe den Hut vor allen Verantwortungsträgern, welche in diesem Sinne handeln und auch Entscheidungen treffen, ihnen gilt wirklich mein größter Respekt.

Denn sie sind wirklich in der Lage Großes zu vollbringen, unglaublich schwierige Angelegenheiten zu lösen und aussichtslose Situationen zu retten.

Wie viele Personen dieses Formates kennen Sie?
Hier meine ich nicht nur Personen des öffentlichen Lebens oder Personen des Weltgeschehens. Vielleicht kennen Sie solche Personen in Ihrem Berufsleben oder auch in Ihrer privaten Umgebung.
Wenn ja, schätzen Sie sich glücklich!

Abschließend zu diesem Kapitel sei noch eines gesagt, ein Friede, welcher auf Angst und Waffengewalt basiert, wird weder nachhaltig noch von langer Dauer sein!

4. Lebe das Gesagte!

Dieses Kapitel beinhaltet die Kraftquelle und die Urkraft allen Schaffens "Lebe das Gesagte".
Nichts kann so kraftvoll sein, als genau das zu leben, was gesagt wird. Es klingt eigentlich sehr einfach, aber mal ganz ehrlich, wer lebt nach diesem Prinzip?

Wie viele "leere Worte" mussten Sie schon hören, ohne dass entscheidende Taten folgten?
Wie viele Enttäuschungen haben Sie schon erlebt, weil Versprechungen nicht eingehalten wurden?
Wenn man dann nachfragt wird ausführlich erklärt, dass an der Problemlösung gearbeitet und in Kürze eine Entscheidung fallen wird.
Bei der zweiten Nachfrage hat sich dann plötzlich herausgestellt, dass die Sache doch komplizierter als erwartet sei und die Ergebnisse leider noch auf sich warten ließen.

Ich kann mich auch an Ansprachen erinnern, bei denen gesagt wurde, was zu tun wäre, aber schon bei der Aussprache der rhetorisch ausgeklügelten Sätze war klar, dass nichts geschehen würde.
Fazit: Allein durch das Reden wird sich nichts verändern!
Um wieder auf das Thema "Frieden" zurück zu kommen, zuerst ist es einmal wichtig, dass der Friede bereits "im Kleinen" gelebt wird, d.h. jeder

Einzelne kann zum Weltfrieden beitragen, wenn er selbst den Frieden in seiner Umgebung lebt!

Lesen Sie einmal ganz bewusst Ihre Tageszeitung! Wie viele negative Berichte finden Sie darin? Man findet die ganze Palette an Straftaten, wie z.B. Diebstahl, sexuelle Belästigung, Mord, Nachbarschaftsstreitigkeiten, Familientragödien, usw.
Das Schlimme daran ist, dass die Anzahl dieser Taten von Jahr zu Jahr steigt.

Schauen Sie ganz bewusst die Nachrichten im Fernsehen an!
Es werden Ihnen ganz ähnliche Taten wie in der Tageszeitung, in bester HD-Bildqualität, mit allen schrecklichen Details, geliefert.
Hollywood Blockbuster mit unzähligen Toten pro Minute bestimmen unser TV-Hauptabendprogramm. Sollte das noch immer nicht genug sein, dann werden Computerspiele, bei denen man mit dem Töten von Menschen viele Bonuspunkte sammeln kann, im trauten Heim gespielt.

Mit wie vielen negativen Inhalten werden wir täglich konfrontiert?
Glauben Sie, dass diese negativen Inhalte unserer zivilisierten Entwicklung schaden?
Ist der vermeintlich "hochgepriesene Fortschritt" vielleicht doch ein Rückschritt?
Hat diese Entwicklung dem Frieden die Kraft genommen?
Es ist höchste Zeit einmal über das "Medienfasten" nachzudenken!

An dieser Stelle kommen üblicherweise die folgenden Fragen: "Was kann ich schon dagegen tun? Ich bin doch nur einer von vielen, ich habe keine Entscheidungsmöglichkeit, wie soll ich das Steuer herumreißen?"
Jenen Personen, welche sich in den vorher genannten Zeilen wiederfinden, möchte ich sagen: "Unterschätzt eure Kraft nicht!"
Jeder von uns kann zu einer besseren Welt beitragen und es wird auch notwendig sein, dass wir alle unsere Kraft und unseren Mut zusammen nehmen, um eine Wende herbei zu führen!

Ich will damit sagen, dass alle Lebewesen, eben auch der Mensch, über das Universum gekoppelt sind und wenn ich die Gewalt lebe, wird diese Lebensart an das Universum übertragen. Wenn immer mehr Menschen die Gewalt leben, wird diese Übertragung an das Universum immer stärker. Und ich bin der festen Überzeugung, dass genau diese Entwicklung den Frieden "entmachtet" hat.

Gleichzeitig sehe ich aber eine große Chance!
Denn wenn ich in Frieden mit meiner Familie, mit meinen Arbeitskollegen, mit meinen Nachbarn, mit allen Menschen, die mir begegnen, lebe, überträgt sich diese positive Entwicklung auch an das Universum. Wenn alle Personen meiner Familie genau dasselbe tun, wird diese positive Übertragung immer stärker.
Stellen Sie sich vor, diese Entwicklung entsteht auch in Ihrem Arbeitsumfeld, in Ihrer Nachbarschaft, in Ihrem Wohnort, im ganzen Land, wel-

che unglaubliche Kraft des Friedens würden wir an das Universum senden!

Mit "in Frieden leben" meine ich z.B., dass ich anderen Personen mit Respekt begegne, sie als Mensch und als Teil des ganzen Universums sehe. Toleranz und Liebe müssen wieder auf die Tagesagenda gesetzt werden. Gutes tun und jemandem helfen, der Unterstützung braucht. Ein offenes Ohr für die Probleme und Sorgen anderer Menschen haben. Sich an Diskussionen aktiv beteiligen ohne einen Streitpunkt zu suchen. Freude und Lebensmut, gerade in unserer leidgeplagten Zeit, verbreiten. Bewusst Zuhören können, ohne dem Anderen gleich nach dem zweiten Satz ins Wort zu fallen. Einen ehrlich gemeinten Rat geben, wenn jemand danach fragt.

Ich bin überzeugt, dass Ihnen noch viele weitere positive Möglichkeiten einfallen werden.

"In Frieden leben" heißt aber auch, dass ich mit mir selbst in Frieden leben soll! Dies klingt sehr interessant! Hier ist der "innere Friede", die "innere Ruhe" gemeint. Ich muss zu mir selbst finden und "Eins" mit mir selbst sein. Jegliche positiven Tugenden, welche vorher erwähnt wurden, muss ich auch bei mir anwenden. Sich selbst als Mensch sehen und so zu akzeptieren, wie man ist. Es darf auch Tage geben, welche vielleicht nicht so optimal laufen. Das sind Tage, an denen fühlt man sich überfordert, missverstanden, vernachlässigt, erfolglos, überflüssig, etc. Allein das

Erkennen, dass es "so ein Tag" ist, ist als absolut positiv zu sehen, denn morgen ist ein neuer Tag und dieser Tag bedeutet zugleich eine neue Chance.

In der katholischen Kirche gibt es ein für mich wunderbares Ritual. Dieses Ritual heißt "der Friedensgruß". Man streckt die Hand seinem Sitznachbarn links und rechts entgegen, evtl. auch den Menschen, die in der Sitzreihe davor und auch dahinter Platz gefunden haben und spricht den Satz: "Der Friede sei mit dir!" Die angesprochene Person greift nach der Hand und spricht ebenfalls den oben genannten Satz und die Blicke der beiden Personen treffen sich.

Lange Zeit war ich der Meinung, dass es sich tatsächlich nur um einen Gruß handelt. In ländlichen Gebieten begrüßt man sich grundsätzlich, wenn man die Kirche betritt und den Sitzplatz einnimmt. Im Stadtgebiet wird dieses Verhalten immer weniger gepflegt, daher gibt es beim "Friedensgruß" die Möglichkeit, diese Begrüßung nachzuholen.

Meine ursprüngliche These in Bezug auf den "Friedensgruß" mag sicher teilweise stimmen, aber viel wichtiger ist, ich wünsche meinem Nächsten Frieden! Ich wünsche allen Menschen, denen ich die Hand entgegenstrecke, aus tiefstem Herzen Frieden. Diese Menschen sollen ihren "inneren Frieden", ihre "innere Ruhe" finden. Sie sollen mit sich selbst "im Reinen" sein und wenn dieser Effekt eintritt, strahlen sie diesen Frieden auch aus. Achtung, hier besteht absolute Ansteckungsgefahr, und das ist gut so!

Voraussetzung dafür ist, dass alle Personen den Satz "Der Friede sei mit dir!" bewusst und voller Überzeugung aussprechen, denn wir wissen bereits, dass "leere Worte" keine Wirkung haben.

Passend zum Friedensgruß möchte ich noch von folgendem Ereignis berichten. Ich habe eine katholische Messe besucht, bei der der Pfarrer eingeladen hat den Satz "Ich hab dich lieb!" beim Friedensgruß zu sagen.
Es war interessant zu beobachten, wie irritiert manche Menschen waren. Zögerlich wurden die Hände gereicht und es hat sich gezeigt, wie schwierig es war, diese eigentlich einfachen Worte "Ich hab dich lieb!" auszusprechen.
Dabei könnte man auch diesem Satz sehr viel Kraft verleihen. "Ich mag dich, so wie du bist! Ich feiere mit dir die heilige Messe und freue mich, dass du da bist!"
Manche Personen haben sogar auf das altgewohnte "Der Friede sei mit dir!" zurückgegriffen. Es ist nichts dagegen einzuwenden, wenn es ehrlich gemeint ist.

Sie sehen, wir alle haben die Möglichkeit, dem Frieden wieder Kraft zu verleihen.
Nutzen wir diese Chance!
Gemeinsam können wir eine Welle des Friedens auslösen!

Angenommen die Teilnehmer einer Friedensver-
handlung leben nach den vorhin angeführten
Prinzipien, wie würde diese Verhandlung verlau-
fen?

Müssten sie tatsächlich noch über Frieden ver-
handeln, oder wäre der Friede dann schon prä-
sent?

5. Vertrauen statt Angst!

Wenn man sich ganz bewusst in der näheren Umgebung umhört, merkt man erst, wie viele Menschen in Angst leben.

Angst vor der Zukunft!
Angst vor einem Jobverlust!
Existenzängste!
Angst vor einem Ausflug in die Stadt!
Angst davor, mit der Familie ein Fußballmatch zu besuchen!
Angst, öffentliche Verkehrsmittel zu benützen!
Angst, allein in der Nacht unterwegs zu sein!
Angst vor dem Leben!

Diese Entwicklung macht mich wirklich traurig, denn im schlimmsten Fall bedeutet es, dass Menschen, welche immer in Angst leben, keinen Ausweg mehr finden.
Psychische Erkrankungen wie Depression, Burn-out, etc. werden von Jahr zu Jahr mehr. Laut Weltgesundheitsorganisation (WHO) werden im Jahre 2030 psychische Erkrankungen noch vor Herzkrankheiten das häufigste Krankheitsbild darstellen.[1]

Im Zuge meiner Ausbildung zum Dipl. Mentaltrainer und Dipl. Burnout-Präventionstrainer hatte ich mehrmals die Möglichkeit mit psychisch erkrankten Personen zu sprechen.
Diese Erzählungen lassen niemanden kalt. Man kann sich nicht vorstellen, wie sehr diese Perso-

nen leiden. Die einfachsten Tätigkeiten des täglichen Lebens können nicht mehr erledigt werden.
Sie haben teilweise keine Kraft, um morgens aus
dem Bett zu steigen. Sie sehen alles negativ und
fallen in ein tiefes, emotionales Loch, aus dem
sie ohne fremde Hilfe nicht mehr herausfinden.
"Man steht am Abgrund seines Lebens", hat mir
eine betroffene Person erzählt und diese Person
hat ebenfalls mehrmals über Suizid nachgedacht.
Oft trifft es Personen, welche eigentlich "fest im
Leben stehen", erfolgreich sind und tüchtig ihrer
Arbeit nachgehen.

Frau Lisa Tomaschek-Habrina vom Wiener Institut für Burn-out und Stressmanagement hat es in
einem Artikel, wie folgt, formuliert: "Burn-out ist
ein Zustand völliger Erschöpfung. Generell sind
die Menschen am häufigsten betroffen, die auch
bereit sind, über ihre Grenzen zu gehen und über
einen längeren Zeitraum auch auf ihre Bedürfnisse verzichten." [2]

Wie oft gehen wir über unsere Grenzen?
Wie oft wird von uns verlangt, über unsere Grenzen zu gehen?
Ich bin überzeugt, dass in jeder beruflichen Lauf-
bahn schon oft Termine für die Erledigung diver-
ser Arbeiten vorgegeben wurden, welche eigentlich kaum schaffbar waren. Oder es wurden um-
fangreiche Aufgaben an Einzelpersonen übertragen, für deren Erledigung eigentlich mehrere
Arbeitskräfte notwendig gewesen wären.
Wer hat sich in dieser Situation getraut, "NEIN"
zu sagen?

Wer hatte den Mut und sagte: "Ich schaffe es nicht, diese Arbeit ist zu viel für eine Person!"
Was würde sich der Chef denken?
Bin ich zu schwach?

Ich kenne Personen, welche zum Teil unbezahlte Überstunden gemacht, auf ihre persönlichen Bedürfnisse verzichtet, private Termine abgesagt oder den Partner vertröstet haben, nur um die Arbeit zu schaffen.
Manche dieser Personen wurden vom Vorgesetzten für ihren außergewöhnlichen Einsatz gelobt, bei den meisten wurde jedoch dieser Arbeitsaufwand als "normal" betrachtet und sie wurden bei nächster Gelegenheit wieder mit zusätzlichen Aufgaben betraut.

Ich möchte nicht behaupten, dass Vorgesetzte einen Menschen bewusst ausnützen, denn möglicherweise kennen sie den notwendigen Arbeitsaufwand einfach nicht.
Daher wäre es als Arbeitnehmer wichtig, den Vorgesetzten zu informieren und ganz sachlich darzulegen, dass diese Aufgabe alleine nicht zu schaffen ist!
Jetzt liegt die Entscheidung beim Vorgesetzten. Entweder er lässt sich den Arbeitsaufwand erklären und kommt dann zum Entschluss, zwei Personen zu beauftragen, oder er gibt den Befehl, die Arbeit trotzdem alleine zu erledigen. In diesem Fall müsste man die Führungsqualität des Vorgesetzten in Frage stellen und über einen baldigen Jobwechsel nachdenken, denn diese Person funktioniert über das "Machttool" und

verbreitet damit Angst. Dieser Vorgesetzte empfindet keine Wertschätzung gegenüber seinen Mitarbeitern und somit sind in diesem Unternehmen die Tage des Erfolgs gezählt.

Wenn ich als Chef auf die Wertschätzung gegenüber meiner Mitarbeiter wert lege, sie motivieren und für "die Sache selbst" begeistern kann, brauche ich mir um mein Unternehmen keine Sorgen zu machen.

Die "Zauberformel" lautet:
Wertschöpfung durch Wertschätzung!

Was gibt es Schöneres, als voller Begeisterung in die Arbeit zu fahren. Diese Begeisterung ist ansteckend und löst Leidenschaft aus. In dieser Firma entsteht ein "Spirit", der seinesgleichen sucht. Niemand empfindet Angst, sondern nur noch Freude am Tun.
Diese Freude würde mich bis nach Hause in mein Privatleben begleiten.

Am Anfang dieses Kapitels habe ich Ängste aufgezählt, welche uns täglich von den Medien übermittelt werden. Diese Ängste werden so oft präsentiert, dass sie "meine" Ängste werden. Unser Verstand nimmt die Themen auf und projiziert diese direkt in unser Leben!

Was bewirkt die Angst?
Die Angst bringt nur Unsicherheit und blockiert mich! Ich kann nichts wirklich erfolgreich tun, denn ich habe ständig Angst.

Noch dazu ist die Angst in vielen Fällen unbegründet und nur ein Hirngespinst meines Verstandes.
Hier gilt es hellwach zu sein, sich den Phantasien des Verstandes nicht hinzugeben und sich entgegenzustellen. Ich hinterfrage meine Angst. Warum habe ich Angst? Ich gehe der Angst auf den Grund! Wenn ich mich um meine Angst "kümmere", wird sie weniger.

Ich wandle meine Angst in Vertrauen um!

Ich vertraue darauf, dass ich immer eine für mich gut bezahlte Arbeitsstelle haben und somit in einer guten finanziellen Lage sein werde.
Ich glaube an eine positive Zukunft und habe keine Angst!
Ich vertraue darauf, dass ich beruhigt zu einem Fußballmatch gehen kann, denn es wird nichts Negatives geschehen.
Ich trete meine Urlaubsreise voller Vertrauen an und lasse mir keine Angst machen.

Und dieses Vertrauen trage ich mit meinem Tun und Handeln nach außen.
Ich "lebe" das Vertrauen!

Es bedeutet aber auch, dass ich mir selbst wieder vertraue, ich traue mir etwas zu, ich habe Selbstvertrauen! Ich gebe mir und anderen wieder "Halt im Leben", ich finde wieder den Sinn des Lebens.
Ich spreche anderen Menschen denen ich begegne Mut zu.

Die Menschen bekommen wieder Vertrauen in das Leben, in die Zukunft, man gibt den Menschen das Vertrauen zurück.

Das Leben ist immer lebenswert!

6. Ich bin mir etwas wert!

Ich bin doch nichts wert!
Ich habe keinen Platz auf dieser Welt!
Mich braucht niemand!
Welche Gründe gibt es für eine solche Einstellung und Haltung gegenüber sich selbst?
Möglicherweise wurden diese Menschen nie wertgeschätzt. Aus diesem Grund haben sie ihren Selbstwert verloren.
Die Ursache könnte aber bereits in ihrer Kinderstube, in ihrer Beziehung zu den Eltern liegen.
Haben sie jemals Liebe und Wertschätzung der Eltern empfangen?
Oder wurde ihre Anwesenheit nur geduldet?
War dieser Mensch ein Wunschkind?
Bestand ihre Kindheit nur aus Regeln und Verboten, oder durften sie ab und zu wirklich Kind sein?
Meistens suchen sich Menschen, die in ähnlichen Situationen aufgewachsen sind, eine andere Möglichkeit, um Anerkennung zu erlangen.
Die Grundeinstellung lautet dann: "Ich muss etwas ganz Besonderes leisten, um anerkannt zu werden." Die erste Möglichkeit bietet bereits die Schule. Die Überlegung ist, die Eltern mit guten Noten zu überzeugen, denn wenn ich gute Noten von der Schule nach Hause bringe, werde ich geliebt!
Sollte dieser Plan scheitern, dann wird es auch gerne über den Berufsweg versucht. Ich will in meinem Beruf erfolgreich sein, ich steige die Erfolgsleiter Sprosse für Sprosse empor bis ich

Anerkennung finde, und koste es was es wolle! Ich will endlich von allen, meiner Familie, der Gesellschaft, anerkannt und geschätzt werden. Im Zweifelsfall werde ich noch mit meinem letzten Ass punkten, ich werde mein hart verdientes Geld einsetzen. Ich werde Leute einladen, eine tolle Party veranstalten. Bei dieser Party wird es an Nichts fehlen, jeder Luxus, der möglich ist, wird geboten.
Ja und dann, aber dann, ganz sicher bekomme ich meine lang verdiente Anerkennung.

Doch leider ist dieser Weg ein aussichtsloser Weg, denn es würde bedeuten, dass ich immer von außen eine Bestätigung für mein Tun und Schaffen brauche. Mit "ich", der die Bestätigung sucht, meine ich das EGO, denn nur das EGO verlangt nach Bestätigung.

Doch die Lösung liegt ganz wo anders!
Um meinen Selbstwert zu finden, muss ich meinen Zwang und Drang nach Anerkennung und meine über Jahre "antrainierte" Haltung ablegen.
Ich stelle mir ganz bewusst die Frage:
"Wer bin ich?"
"Wer bin ich, wenn alle meine Hüllen und Rollen, welche ich jahrelang gespielt habe, fallen?"

Ein Beispiel:
Kennen Sie die berühmte Klopfzeremonie bei einem königlichen Begräbnis? Ich kann mich sehr gut an das Begräbnis von Otto von Habsburg im Juli 2011 erinnern.[3]

Sechs Personen der Schützenkompanie trugen den Sarg vor die Eingangspforte der Kaisergruft in Wien, danach klopfte der Zeremonienmeister dreimal mit dem Kaiserstab an die geschlossene Pforte.
Der Pater in der Kaisergruft stellte die Frage:
"Wer begehrt Einlass?"

Darauf antwortete der Zeremonienmeister:
"Otto von Österreich, einst Kronprinz von Österreich-Ungarn, königlicher Prinz von Ungarn und Böhmen, von Dalmatien, Kroatien, Slawonien, Galizien, Lodomerien und Illyrien, Großherzog von Toskana und Krakau, Herzog von Lothringen, von Salzburg, Steyr, Kärnten, Krain und der Bukowina, Großfürst von Siebenbürgen, Markgraf von Mähren, Herzog von Ober- und Niederschlesien, von Modena, Parma, Piacenza und Guastalla, von Auschwitz und Zator, von Teschen, Friaul, Ragusa und Zara, gefürsteter Graf von Habsburg und Tirol, von Kyburg, Görz und Gradisca, Fürst von Trient und Brixen, Markgraf von Ober- und Niederlausitz und in Istrien, Graf von Hohenems, Feldkirch, Bregenz, Sonnenberg etc., Herr von Triest, von Cattaro und auf der Windischen Mark, Großwojwode der Wojwodschaft Serbien etc., etc."

Darauf sagte der Pater: *"Wir kennen ihn nicht!"*

Wieder klopfte der Zeremonienmeister dreimal an die Pforte und der Pater stellte wieder die Frage: *"Wer begehrt Einlass?"*

Die Antwort des Zeremonienmeisters lautete:
*"Dr. Otto von Habsburg, Präsident und Ehren-
präsident der Paneuropa-Union, Mitglied und
Alterspräsident des Europäischen Parlamentes,
Ehrendoktor zahlreicher Universitäten und Eh-
renbürger vieler Gemeinden in Mitteleuropa,
Mitglied ehrwürdiger Akademien und Institute,
Träger hoher und höchster staatlicher und kirch-
licher Auszeichnungen, Orden und Ehrungen, die
ihm verliehen wurden in Anerkennung seines
jahrzehntelangen Kampfes für die Freiheit der
Völker, für Recht und Gerechtigkeit."*

Wieder sagte der Pater: *"Wir kennen ihn nicht!"*

Abermals klopfte der Zeremonienmeister dreimal
an die Pforte und die Frage des Paters lautete
wiederum: *"Wer begehrt Einlass?"*

Und diesmal lautete die Antwort des Zeremonienmeisters schlicht und einfach:
"Otto – ein sterblicher, sündiger Mensch!"

Jetzt erst sagte der Pater:
"So komme er herein!"

Diese besondere Zeremonie zeigt, was im Leben
wirklich zählt.
Jeder Titel, sowie auch alles Materielle, ist ver-
gänglich, letztendlich zählt nur der Mensch.
Und hier stellt sich dann die Frage:
"Welcher Mensch möchte ich am Ende meines
Lebens sein?"

Ein Zerrissener, der ständig auf der Suche nach etwas Besonderem war, der ständig erfolglos nach Anerkennung gesucht und nie zu sich selbst gefunden hat, der immer versucht hat, den Vorstellungen anderer zu entsprechen und sich auf der Reise des Lebens verloren hat.

Ein Mensch, der sich gefunden hat, der mit sich und der Welt "im Reinen" war, der anderen Menschen mit Rat und Tat geholfen hat, der Freude, Vertrauen und Glauben gelebt und weitergegeben hat.

Ich würde mich Hier & Jetzt für den Zweiten, den glücklichen Menschen entscheiden. Um ein solcher Mensch zu werden, sollte man frühestmöglich die Weichen stellen und am besten gleich beginnen. Denn nur ich kann die Weichen für mein Leben stellen, nur ich ganz allein. Nur ich kann meine mentale Einstellung und geistige Haltung verändern.

Ich nehme mir Zeit für mich!

Denn ich bin mir selbst etwas wert, ich entdecke wieder meinen Selbstwert. Ich bin perfekt, so wie ich bin, mit allen Fehlern, mit allen Schwächen, denn ich bin ein einzigartiger Mensch.
Ich werde Toleranz gegenüber meinen Schwächen aufbringen und mir Gedanken über meine Stärken machen. Interessanterweise beschäftigen wir uns zu viel mit unseren Schwächen, es wäre höchste Zeit, sich mit den Stärken zu beschäftigen. Schreiben Sie eine Liste mit allen

Ihren positiven Eigenschaften und lesen Sie diese, wenn es Ihnen einmal nicht so gut geht!
Manche Menschen können mit sich selbst "nichts anfangen". Für diese Menschen ist es die größte Herausforderung ihres Lebens und eine einzigartige Chance. Sie haben im Laufe der Zeit vergessen, wer sie sind, was ihnen Freude macht und kennen ihre persönlichen Bedürfnisse nicht. Sie hatten bisher für alles Zeit, nur für sich selbst nicht! Aber jetzt, genau in diesem Augenblick, haben sie erkannt, dass es an der Zeit ist, mit sich selbst in Kontakt zu treten, auf sich selbst Rücksicht zu nehmen und sich wieder kennen zu lernen.
Klingt das nicht sehr aufregend und spannend? Starten auch Sie eine Entdeckungsreise zu sich selbst und geben Sie sich Zeit, denn Kolumbus hat Amerika auch nicht an einem Tag erforscht.
Stellen Sie sich vor, Sie sind ein Forscher, der absolutes Neuland betritt. Er achtet auf jede Bewegung, auf jedes Geräusch und sei es auch noch so klein. Es wird sich alles zu einem großen Ganzen zusammenfügen.

Suchen Sie einen Ausgleich zu den täglichen Tätigkeiten, unternehmen Sie etwas, das Ihnen Spaß macht!
Wir alle wissen, wie gut uns die Bewegung in der Natur tut. Es spielt keine Rolle, ob Sie laufen, walken oder spazieren gehen, spüren Sie einfach die Energie der Natur. Nicht nur, dass man Erholung findet und Stress abbaut, sondern man bewegt sich, um fit zu bleiben oder fit zu werden.

Denn ich bin es mir wert, auf meine Gesundheit zu achten!

Ich bin es mir wert, dass ich mich weiter bilde, einen neuen Weg gehe, meine "Komfortzone" verlasse und Dinge ausprobiere, welche ich noch nie im Leben gemacht habe. Ich tue das, was mir gut tut, genieße alles im Hier & Jetzt, in der Gegenwart und schließe Frieden mit mir und meinen Nächsten!

Und sollte Ihnen jemand die Frage stellen, warum Sie dies oder jenes machen, dann antworten Sie einfach:

"WEIL ICH ES MIR WERT BIN!"

Literatur- u. Quellenverzeichnis

Harald Pachner, GESU Institut Graz,
Ausbildung zum Dipl. Mentaltrainer 2014

[1] Seite 33   Sabine Fisch, Artikel: Depres-
sionen können jeden treffen,
Zeitung
Bezirksblätter Neunkirchen,
7./8. Oktober 2015

[2] Seite 34   Hubert Kickinger, Artikel:
Fälle von Burn-out nehmen
rasant zu, wien.ORF.at,
03.10.2015

[3] Seite 40   ORF Übertragung 16. Juli 2011
Begräbnis Otto von Habsburg

Hier ist noch eine kleine Auswahl von sehr emp-
fehlenswerten Büchern:

Eckhart Tolle, Jetzt!
Die Kraft der Gegenwart,
J. Kamphausen Verlag 2013

Eckhart Tolle, Eine neue Erde,
Arkana Verlag 2005

Stefanie Stahl, Leben kann auch einfach sein,
Ellert & Richter Verlag 2014

Andreas Brandstätter

geb. 19.04.1975

Dipl. Mentaltrainer
Dipl. Sport-Mentaltrainer
Dipl. Burnout Präventionstrainer

info@mentalebalance.at
www.mentalebalance.at